科学如此惊心动魄·汉字③

觉醒的佩恩

复杂的汉字

纸上魔方 著

吉林出版集团股份有限公司 | 全国百佳图书出版单位

图书在版编目（CIP）数据

觉醒的佩恩：复杂的汉字 / 纸上魔方著. —长春：
吉林出版集团股份有限公司，2017.3（2021.6重印）
（科学如此惊心动魄．汉字）
ISBN 978-7-5581-2390-0

Ⅰ.①觉… Ⅱ.①纸… Ⅲ.①汉字—儿童读物
Ⅳ.①H12-49

中国版本图书馆CIP数据核字(2017)第044439号

科学如此惊心动魄·汉字 ③

JUEXING DE PEIEN　FUZA DE HANZI

觉醒的佩恩——复杂的汉字

著　　者：纸上魔方（电话：13521294990）
出版策划：孙　昶
项目统筹：孔庆梅
项目策划：于姝姝
责任编辑：于姝姝
特约编辑：赵志峰
责任校对：徐巧智
出　　版：吉林出版集团股份有限公司（www.jlpg.cn）
　　　　　（长春市福祉大路5788号，邮政编码：130118）
发　　行：吉林出版集团译文图书经营有限公司
　　　　　（http://shop34896900.taobao.com）
电　　话：总编办 0431-81629909　　营销部 0431-81629880 / 81629881
印　　刷：三河市燕春印务有限公司
开　　本：720mm×1000mm　1/16
印　　张：8
字　　数：100千字
版　　次：2017年3月第1版
印　　次：2021年6月第7次印刷
书　　号：ISBN 978-7-5581-2390-0
定　　价：38.00元

印装错误请与承印厂联系　　电话：15350686777

前 言

四有：有妙赏，有哲思，有洞见，有超越。

妙赏：就是"赏妙"。妙就是事物的本质。

哲思：关注基本的、重大的、普遍的真理。关注演变，关注思想的更新。

洞见：要窥见事物内部的境界。

超越：就是让认识更上一层楼。

关于家长及孩子们最关心的问题："如何学科学，怎么学？"我只谈几个重要方面，而非全面论述。

1. 致广大而尽精微。

柏拉图说："我认为，只有当所有这些研究提高到彼此互相结合、互相关联的程度，并且能够对它们的相互关系得到一个总括的、成熟的看法时，我们的研究才算是有意义的，否则便是白费力气，毫无价值。"水泥和砖不是宏伟的建筑。在学习中，力争做到既有分析又有综合。在微观上重析理，明其幽微；在宏观上看结构，通其大义。

2. 循序渐进法。

按部就班地学习，它可以给你扎实的基础，这是做出创造性工作的开始。由浅入深，循序渐进，对基本概念、基本原理牢固掌握并熟练运用。切忌好高骛远、囫囵吞枣。

3. 以简驭繁。

笛卡尔是近代思想的开山祖师。他的方法大致可归结为两步：第一步是化繁为简，第二步是以简驭繁。化繁为简通常有两种方法：一是将复杂问题分解为简单问题，二是将一般问题特殊化。化繁为简这一步做得好，由简回归到繁，就容易了。

4. 验证与总结。

笛卡尔说："如果我在科学上发现了什么新的真理，我总可以说它们是建立在五六个已成功解决的问题上。"回顾一下你所做过的一切，看看困难的实质是什么，哪一步最关键，什么地方你还可以改进，这样久而久之，举一反三的本领就练出来了。

5. 刻苦努力。

不受一番冰霜苦，哪有梅花放清香？要记住，刻苦用功是读书有成的最基本的条件。古今中外，概莫能外。马克思说："在科学上是没有平坦的大道可走的，只有那些在崎岖的攀登上不畏劳苦的人，才有希望到达光辉的顶点。"

北京大学教授/百家讲坛讲师

张顺燕

贝吉塔

阴险邪恶，小气，如果有谁得罪了她，她就会想尽一切办法报复别人。她本来被咒语封了起来，然而在无意中被冒失鬼迪诺放了出来。获得自由之后，她发现丽莎的父亲就是当初将她封在石碑里面的人，于是为了报复，她便将丽莎的弟弟佩恩抓走了。

善良，聪明，在女巫被咒语封起来之前，被女巫强迫做了十几年的苦力。因为经常在女巫身边，所以它也学到了不少东西。后来因为贝吉塔(女巫)被封在石碑里面，就摆脱了她的控制。它经常做一些令人捧腹大笑的事情，但是到了关键时刻，也能表现出不小的智慧和勇气。它与丽莎共同合作，总会破解女巫设计的问题。

克鲁德小精灵

安得烈

外号"安得烈家的胖子"，虎头虎脑，胆子特别大，力气也特别大，很有团队意识，经常为了保护伙伴而受伤。

胆小，却很聪明心细，善于从小事情、小细节发现问题，找出线索，最终找出答案。每到关键时刻，她和克鲁德总会一起用智慧破解女巫设计的一个个问题。

冒失鬼，好奇心特别强，总是想着去野外探险，做个伟大的探险家。就是因为想探险，他才在无意中将封在石碑里面的贝吉塔（女巫）放了出来。

沉着冷静，很有头脑，同时也是几个人中年龄最大的。

丽莎的弟弟，在迪诺将封在石碑里面的贝吉塔（女巫）放出来后，就被女巫抓走做了她的奴隶。

目 录

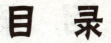

目　录

第一章

游玩不忘学习

（汉字演变回顾和复杂性概说）

阿力教授正带着孩子们到处游玩——他们刚刚饱览过长江三峡壮丽的景色，返回住宿的地方。

我……我的意思是……

明天去那个什么"桃子园"，您能不能不给佩恩讲课，让他玩个痛快？

哈哈，是桃花源，不是"桃子园"。好吧，我答应你。

太棒啦！

阿力教授到底在担心什么？汉字的演变我们不是都已经懂了吗？还有什么需要学习的呢？

复杂的汉字演变

我们都知道，汉字从古代到今天是一步一步演变而来的。从最初的线条画到象形符号、象形文字，再经过篆书、隶书、楷书的转变和简化，汉字的发展经历了很长的时间。在漫长的时间里，有些汉字的字形发生了变化，有些汉字的字义被引申或者假借，和原来的字义有了区别甚至毫不相关，还有些汉字由于种种原因产生了字形相同字义不同，字形不同字义却相同的现象，非常复杂。听阿力教授说，有古今字、异体字、通假字、繁简字等许多种分类呢！

早期甲骨文　晚期甲骨文　大篆　　金文　　小篆　　隶书　楷书

汉字的三大要素——形、音、义

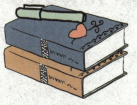

　　我们对汉字的了解已经不少了。总结起来，汉字有字形、字音和字义三大要素。

　　字形就是汉字的形体结构。汉字根据形体结构可以分为独体字和合体字。像日、月、山、水这样的字都是独体字。独体字不能拆分，六书中的象形字基本都属于独体字。合体字按照形体结构特点还可以分为左右、上下、左中右、上中下、全包围、半包围结构等情况。

　　字音当然就是指汉字的读音。只有一个读音的字叫单音字，有两个或两个以上读音的字叫多音字。

　　字义，即汉字的意义。

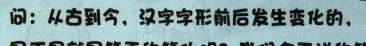

问： 从古到今，汉字字形前后发生变化的，是不是就是笔画的简化呢？我们今天说的简体字，是否属于这种变化的结果呢？

答： 应该说汉字字形的变化主要是一个简化的过程。简体字就是从繁体字简化而来的。当然，这个变化的过程很复杂，其中还有一些特殊情况。比如有些汉字古今写法不同，却不是简化的结果。还有一些汉字最初出现可能是错别字，但慢慢被认可，成了正确的写法。这都需要我们了解。

问： 为什么说形、音、义是汉字的三大要素呢？

答： 构成一个汉字的"部件"——如形旁、声旁与字义和读音有一定的关系，所以形、音、义是汉字的三大要素。

智慧树

第二章

贪看异光陷迷洞

（古今字1）

第二天，阿力教授带着孩子们来到了酉阳的桃花源。他们进入了一个绚丽神奇的洞穴——伏羲洞。

竟敢说我克鲁德小精灵的话完全听不懂！好吧，那我就详细解释一下。

汉字古今有别

从古代一直发展到现在，有些汉字的字形已经发生了很大变化。古人用的字，也就是古字，和现代人用的今天的汉字——即今字，是有区别的。

例如"圄"就是个古字，意思是牢狱。不过现代人不用"圄"字，而用"圆"字，经常出现的一个词是"图圆"。因此古字"圄"和今字"圆"就构成了一对古今字。

再如"竟"也是古字，原指音乐奏乐完毕，但也可以指疆域。今天的"境"就是古时的"竟"。"竟"和"境"，又是一对古今字。

古字　今字
圄　　圆
竟　　境

由"简"到"繁"的古今字

"竟"既是"曲终乐竟"的"竟"，又是"边境"的"境"。古时候，"边境""国境"应作"边竟""国竟"。可见古字常有几个意思，而且可以通用。后来的今字则是加上部首表示特定含义。这个部首往往就是形声字的形旁，又叫"义符"。

这样的古今字很多，有的两个一组，有的则好几个字对应一个古字。

如采（古字）同採、彩、綵。其中"採"是动作，有"採摘"（今作采摘）；"彩"是色彩多，如"彩色"；"綵"则是彩色丝织品（今已不用）。

再如，风同疯（疯癫）、讽（讽刺）。

还有古字今字部首不同，字义相同的情况。如坑同炕——古人说火坑可不是点火的坑，而是火炕。

问：古今字一定是古人用的字和今人用的字吗？

答：古今字是从古到今前后字形不同而又表示相同意义的字，其中古字不一定是古人才用的字。如前面提到的"采"，现代人依然在用。

问：有些古字写起来好简单，为什么又要加上"义符"，使它变得复杂呢？

答：有些古字，如"风""竟""采"，写起来很简单，但表示的意思太多，容易混淆。加上"义符"，是为了更好地区别字义，看起来复杂，表达的意思却更明确了。

智慧树

第三章

三岔路口的选择

（古今字2）

看来学好古今字，真的很有必要啊！不过，要分辨古今字还真不容易呢。首先，就要了解古今字产生的原因。

古今字的产生

正如前面所说的，从古字到今字的变化是为了意义的明确。古时候汉字很少，不够表达越来越多的概念，于是就有了一字多用。比如"食"，既是食物的"食"，又是腐蚀的"蚀"，还是表示喂食的"饲"，"食"就是"蚀""饲"的古字。但是，一个字意义多了难免混淆，因此后人又造出新字替代，于是才有"蚀"和"饲"这样的今字，就产生了古今字不同的现象。

这就是古今字产生的原因。

古今字变化分类

从古字到今字的变化，主要有以下几种情况：

增加或改变"义符"。如前面提到的"风"同"疯""讽"，"采"同"採""綵""彩"，"坑"同"炕"。还有"取"同"娶"，"女"同"汝"等，这类古今字很多。

增减或改变笔画。如"陈"同"阵"，就是改变了笔画。还有"刀"同"刁"（改变笔画），"茶"同"荼"（减少笔画），"大"同"太"（增加笔画），等等。

字形不同，字义相同。如"科"同"棵"，"它"同"他"，前面的"食"同"蚀""饲"也属于这种情况。

问：大多数古今字的区别主要在"义符"，那么它们中的古字是否可以看作假借字，今字则是新造字呢？

答：是的。如"匚"本义是盛饭的器具，今作"筐"，又假借为眼眶的"眶"、门框的"框"，"眶"和"框"就都是根据"匚"新造的字，它们和"筐"都是古字"匚"的今字。

问："它"同"他"是怎么回事？难道古人他、它不分吗？

答：当然不是。"它"字本义是蛇，属于象形字。假借后用来表示"他"，实际是彼此的"彼"字，意为别的，其他的，并不指人。

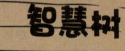

24

第四章

真假异形魔

（异体字1）

教授说这是两个异体字？

没错。让我想想……我好像知道啦！

你是……假的，是个异体字！

你才是真身，是规范汉字！

这都被你猜到，气死我们啦！

别得意，我们的兄弟多着呢！

异形魔原来怕被认出真假身份。它们既然是异体字，那么弄懂异体字就很重要啦！

长相不同的异体字

什么是异体字呢？简单地说，字音和字义都相同，只有字形不同的一组字，就是异体字。

异体字的情况也比较复杂。像前面提到的两个"骨"字，不同之处在于上半部里面的横折的方向一个向左，一个向右（向左的才是中国大陆的通用规范汉字）。

有些是形旁或声旁不同，如裤和袴（袴是裤的异体字）、咏和詠（詠是咏的异体字）。

有些是偏旁部首位置不同，如群和羣（羣是群的异体字）、峰和峯（峯是峰的异体字）。

有些则是字形相差很大，如并和並、竝（並和竝是并的异体字）；奸和姦（姦是奸的异体字）。

异体字、正体字和规范汉字

在上一集故事中，我们知道楷书又叫正书，已经是标准的汉字了。不过，无论是在古代还是近现代，某些汉字都可能有多种写法。例如鲁迅笔下的人物孔乙己说，"回"字有四种写法，那就是：回、囘、囬、迴。

实际上，回还可以写作廻，有五种写法呢！

在这些写法中，被公认属于正规的字体就叫作正体字。那么，相对于正体字，这个汉字的其他写法就叫异体字了。

因此，前面提到的裤、咏、群、峰、并等汉字就是正体字，和它们相对的则是异体字，是这些汉字另外的写法。

目前，在中国大陆有一套汉字的规范标准，符合这套标准的汉字叫作规范汉字，也就是正体字。

问：异体字怎么确定？中国大陆的规范汉字使用的是什么标准呢？

答：对于一个汉字的不同写法，先确定哪个是正体字，异体字也就很清楚了，不是吗？至于中国大陆的规范汉字标准嘛，2013年由中华人民共和国教育部和国家语言文字工作委员会颁布的《通用规范汉字表》，是最新的官方版本和权威标准。

问：这么说正体字和异体字都是人为规定的喽？那么异体字是不是错别字？还有没有人使用异体字呢？

答：没错，所谓正体字和异体字只是人为规定的结果。因此，异体字不能说就是错别字，而且有些异体字现在仍然还有人在使用呢。

第五章

抵挡追击

（异体字2）

佩恩这次是不是很勇敢？不过仅仅是勇敢可不够，还得能真正分辨出正体字和异体字才行。

分辨异体字，简单常见是标准

分辨正体字和异体字常以简单常见为标准。如故事中出现的"朵"字，上半部写成"几"当然比"乃"简单。因此"朵"是正体字，"朶"则是异体字。而"同"和"仝"两个字中"同"比较常见，于是就被确定为正体字了。

想想我们前面举出的例子，是不是属于这种情况呢？

当然，有些正体字和异体字并不是用这种标准划分的，如"群"和"羣"。

还有，在中国大陆以外，中国香港和中国台湾地区也使用汉字，他们也有自己的标准呢。

各有标准，正异相反

　　正体字和规范汉字的标准是人为规定的，因此，不同的地区标准也不一样。正如前面所说，中国香港和中国台湾地区的人也使用汉字，不过他们使用的是繁体字（我们在后面将会讲到），因此他们有自己的正体字标准。如前面提到的两个"骨"字，前一个在中国大陆是异体字，在中国香港和中国台湾地区却是正体字。

　　此外还有很多这样有趣的例子呢。如足够的"够"，在中国香港和中国台湾地区作"夠"，强大的"强"，则作"強"。

问：照这么说，正体字和异体字只是相对的喽？

答：对不同国家和地区使用汉字的人来说，差不多是这样的。不过也不一定。例如，一个汉字的某种写法已经不再有人使用或者不常见，那么这种写法就一定是异体字。像"回"字有五种写法，其他四种现在已经没人使用了，它们就都是"回"的异体字。

问：除了中国大陆和中国香港、中国台湾地区的人，还有哪些人使用汉字？他们也有正体字吗？

答：除了中国，使用汉字的还有日本、韩国、新加坡以及马来西亚等海外华人社区。在日文和韩文中也有标准字形，相当于我们说的正体字。他们有些汉字的写法和我们并不一样。如"真"字在日文和韩文中，写法也各有特点（见下图）：

真（日文）　　眞（韩文）

第六章

误打误撞

（通假字1）

安得烈你慢点儿，我……
我道歉还不行吗？

这是什么话？
怎么缺字？

主（　）忘身，
国（　）忘家，
公（　）忘私。

填入正确的原文，

而、耳

（　）答之。
便（　）还家，
设酒杀鸡作食。
即可开启石门。

具、俱；要、邀

通假字是什么东西？难道"假字"还能变成"真字"吗？你还别不信，真有这样的稀奇事呢——

弄假成真的通假字

通假字，其实就是古人用一个字音相同或者相近的字替代了原本应该使用的字。于是，这个用来替代的字就和本字通用了，它就成了本字的通假字。

像"公而忘私"中，本来应该用而且的"而"，但在一些古文中用了耳朵的"耳"，于是"耳"就成了"而"的通假字。这时候我们就说，耳通而。

但是古人为什么要用另一个字替代本字呢？有人认为这其实是古人写了错别字。这样的错别字出现得多了，积非成是，错的也就成了对的，于是就有了通假字。

常见通假字三则

　　一般说来，通假字只有在特定的原文中使用才被认为是正确的。像耳通而，"公耳忘私"出现在《汉书·贾谊传》中，现在写作"公而忘私"。如果你随便乱用，就成了错别字，要闹笑话了。

　　不过有些通假字广为流传，得到普遍承认，人们甚至不知道其中有通假字现象呢。

　　如澹通淡，书法家常写"澹泊明志"，这里"澹泊"就是"淡泊"，已经成了固定用法。

　　再如，卤通鲁，人们形容一个人草率冒失常说"卤莽"或"鲁莽"，这两个词的意思没有什么分别。

　　还有"名列前茅"，谁会知道这里的茅通旄，本应作"名列前旄"，而"旄"字的本义是旗帜呢？

我从不写错别字，
只写通假字。

47

问：通假和假借都是借用，那么通假字和假借字是一回事吗？

答：通假字和假借字的用法的确很像，但它们还是有区别的。实际上，"本无其字"的借用才是假借，"本有其字"的借用则是通假。

例如溥通普，《诗经》中说"溥天之下，莫非王土"，溥被借用为普。不过，"普"字原来已经存在，并非不得已才用"溥"字，所以"溥"替代"普"不是假借，而是通假。

问：我也可以用一个字代替另一个字，创造通假字吗？

答：别忘了，通假字要"积非成是"，也就是需要得到普遍承认才行。不然的话，随便乱用同音字替代，很容易被人误会。而且我们现在有了规范汉字，也不能随便"发明创造"通假字啦。

智慧树

第七章

将错就错

（通假字2）

没想到在有些古文里错字反而是对的！古人也真是离谱！不过，通假字还挺好玩……

音形相近的通假字

前文门上这句话，出自陶渊明的《桃花源记》。具通俱，这组通假字和本字不仅字音相同，字形也相近。

像这样的通假字还有很多，例如：

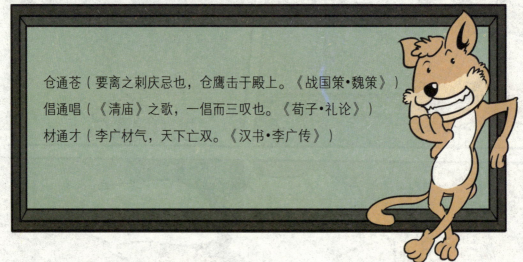

仓通苍（要离之刺庆忌也，仓鹰击于殿上。《战国策·魏策》）

倡通唱（《清庙》之歌，一倡而三叹也。《荀子·礼论》）

材通才（李广材气，天下亡双。《汉书·李广传》）

不过通假字和本字字形可不一定都相近，像上一句"天下亡双"中亡通无，两个字的字形就不一样。

通假的原则

什么样的字才能够替代本字用作通假字呢？实际上，从通假字的定义我们知道，一个字只要和本字字音相同或者相近，哪怕字形、字义相差很远，都可能替代本字，用作通假字。

例如：

止通只（一屠晚归，担中肉尽，止有剩骨。《聊斋志异·狼》）

趣通促（巫妪何久也？弟子趣之。《史记·滑稽列传》） 促，催促。

伯通霸（羽自立为西楚伯王。《汉书·项藉传》）

伏通服（曲罢曾教善才伏，妆成每被秋娘妒。《琵琶行》）

矢通屎（然与臣坐，顷之，三遗矢矣。《史记·廉颇蔺相如列传》） 顷之，不一会儿。三遗矢，去了三次厕所。

问：古人这么随便用通假字替代本字，真的是没文化，总写错别字吗？

答：大量的通假字出现在秦汉时期。那时候知识、信息的传递主要依靠口口相传，因此当时的古人依赖"听音辨字"，也就是根据字音记录文字。这样做难免写错记错，而且由于地区、方言不同，有些字的写法本身就不一样，那么在当时出现通假字也就不奇怪了。

后来文字慢慢规范，有了统一的标准，通假字现象就少多了。

问：我明白啦，通假字就是古人记录一个字的不同写法，是不是这样呢？

答：可以这样理解。不过别忘了，专家学者们对通假字的看法并不完全一致。根据上下文，总有一个字的字义更符合句子的意思，因此它才是本字。

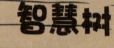

智慧树

第八章

书魔现身

（古今字、异体字和通假字的区别）

哈哈，有我克鲁德小精灵
在，书魔不气死才怪。不过，佩
恩真的很聪明，这么复杂的问题
都难不倒他……

古今字、异体字和通假字，分辨起来并不难

古今字一定是先后出现的，古人用古字，后来造了今字替代，古字往往不再使用或不再表示今字的意思。

例如"罪"，古字为"辠"，但早已无人使用。再如"取"，有了"娶"字，它就不再表示娶妻，只表示取得了。

而异体字则是一个字不同的写法，字形相近。由于人为规定了正体字或规范字体，它才成了异体字。

通假字只是用一个字替代另一个字，这两个字同时存在。对我们来说，今天的通假字只在特定的古文中才有意义，随便乱用，就成了错别字啦。

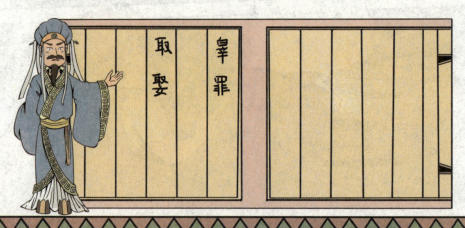

古字和异体字是废弃不用的字

前面已经说过古今字和通假字、异体字和通假字的区别。那么，古今字和异体字有什么联系和不同呢？

其实，某些字的异体字就是古字，如回的五种写法：其中"囬"是"回"的古字，也是"迴"的古字，而"廻"则是"迴"的异体字，至于"囘"，有些古书说它是"回"的俗字，有些则说它是"面"的古字。

当然，异体字还有其他一些情况，比如不同地区有不同写法，传抄过程中抄错，后来"积非成是"，也就成了一个字的不同字形。

但不管怎么说，古字和异体字都是废弃不用的字——古字被今人废弃不用，异体字则被排除在正体字或规范字体之外，也等于废弃了。

问：古今字和通假字只有一种区别方法吗？那样区分起来不是很难？

答：还可以看意义或字义上是否有联系。古今字中的古字和今字往往在意义上有联系，例如"取"和"娶"，正因为"取"有取得的意思，最初才能表示娶妻。

但是通假字和本字之间只是字音相同或相近，没有字义上的联系。即使字形相近，字义也不相关。如"才"和"材"，一个是才能，一个是材料，毫不相干。

问：现在我们只用今字、正体字或规范字体了，为什么还要学习古字、异体字呢？

答：这是为了能看懂古书，也是为了能和其他地区的人交流呀。

第九章

化繁为简

（繁简字1）

安得烈他们继续前进了。暗道又深又长，而且越走越狭窄。暗洞之外，阿力教授他们也在根据手中的蓝星通信定位系统搜索着安得烈他们的位置，走到了伏羲洞深处——原来，他们一直在并列前行。有时距离较近，两部蓝星之间的加强蓝牙信号能够接通，于是可以通话；有时距离较远，信号就会中断。

走过长长的暗道，安得烈他们来到一个小小的洞口前。洞口外面似乎空间很大，而且还透着光亮。

哇，看来胜利在望啦！

慢着，洞口好像有古怪！

靈龜聖蟲

繁体字简化是怎么回事呢？哎呀，这个我都没听阿力教授讲过，咱们快听听佩恩怎么说吧。

简化字——把汉字变简单

简化字是中华人民共和国成立后确定并推广的一批笔画更简单、书写也更方便的规范字体。作为对应，原有的汉字体系被称为繁体字，而新确定的汉字体系则被称为简化字，又叫简体字。

简化字并没有把所有的汉字都变简单，很多新的规范汉字仍然沿用原来的正体字，这种汉字又叫传承字。不过，经过简化的汉字绝大多数的确减少了笔画，写起来也更方便，因此汉字的学习和使用都变得更简单了。

汉字简化的方法和原则

从繁体字向简体字简化的过程，主要采用了以下方法：

采用了笔画更简单的古字，如豐（繁体字）—丰（简体字）（形式下同）；

用俗字替代，如辦—办、敵—敌、雖—虽；

把草书形式楷化，如書—书、長—长、爲—为；

新造字，如驚—惊（形声）、遼—辽（形声）、潔—洁（假借）、飛—飞（省略）；

用简单符号替换，如對—对、歡—欢、趙—赵、風—风；

省略繁体字的一部分，如親—亲、寶—宝、類—类。

当然，简化方法还有不少，但总的原则就是让汉字更简单。

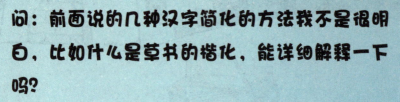

问：前面说的几种汉字简化的方法我不是很明白，比如什么是草书的楷化，能详细解释一下吗？

答：我们说过，楷书是一种简略的汉字，笔画和结构都有省略。草书的楷化，就是把一个字草书的写法用楷书形式写出来。按照楷书的笔画结构写汉字，就起到了简化的效果。

问：为什么有些古字有不止一个字形？

答：有些古字原本很简单，后人为使字义明确，造出更复杂的字。如"从"，古本作"从"，后人为表示两人相从走走停停，加了个"辵"字，就成了"從"。汉字简化时，又改为"从"。

智慧树

第十章

佩恩的大变化

（繁简字2）

太过分了，翻了一倍！

試譽飽饗
織緊鐘鏊

怕什么，只要还是繁简字，我都能对付！

的确还是繁体字的简化……

这八个字，每个都由两部分构成……

我知道，我们只要分别把每一部分简化，就能推出这八个字的简化字啦！

佩恩为什么说那四个部首不是都能简化的呢？让我来告诉你……

简化偏旁有规则

繁体字简化成简化字时，有些偏旁已经规定了简化字，可以类推出由它们构成的繁体字对应的简化字。例如前面提到的四个偏旁：言—讠，食—饣，糸、糹—纟，金—钅，掌握了这些规则，繁体字就很容易简化了。

但是，它们通常只有在文字左侧做部首时才会这样简化，像譬、饗、緊、鏊中的言、食、系、金就不能简化。

不过在有些特殊情况下，这种偏旁还是要简化。如辯—辩、罰—罚、絲—丝、衛—卫等。

常见的简化偏旁字

有些字既是单字，也是常见的偏旁，它们的繁简对照对掌握繁简字很重要。下面举几个例子：

貝—贝，如負—负、贈—赠　　　車—车，如軍—军、轉—转

齒—齿，如齡—龄、齦—龈　　　廣—广，如擴—扩、礦—矿

華—华，如樺—桦、燁—烨　　　幾—几，如機—机、饑—饥

婁—娄，如樓—楼、屢—屡　　　侖—仑，如輪—轮、圇—囵

馬—马，如媽—妈、碼—码　　　門—门，如們—们、閉—闭

鳥—鸟，如鴨—鸭、鳴—鸣　　　齊—齐，如濟—济、劑—剂

壽—寿，如濤—涛、鑄—铸　　　韋—韦，如偉—伟、緯—纬

頁—页，如顛—颠、順—顺

魚—鱼，如鮮—鲜、鰓—鳃

问：说了半天，那八个字简化后到底是什么呢？

答：现在公布答案。这八个字是：试、誉、饱、飨、织、紧、钟、錾。其中"飨"是以酒食款待，而"錾"是一种錾金石用的工具。

问：繁体字和简化字是一一对应的吗？

答：不完全是。

例如上面的"钟"字，它的繁体字就有两个——"鍾"和"鐘"，"鍾"是杯子，"鐘"是乐器。不过，这两个字又可以通假，鍾通鐘，"杯子"可以表示"乐器"呢。

还有"后"，繁体字中也写作"后"，但专用于皇后、王后，前后的后则是"後"。

第十一章

师生同心协力

（同源字1）

在佩恩的"指导"下，克鲁德顺利解开了蛛网，而那几只凶恶的蜘蛛也灰溜溜地缩回到岩石的缝隙中，不见了。

现在我们可以出去了。

洞口之外是一个宽阔的石室，上面隐约有光亮照下来，石室中显得明亮多了。

那里好像有一扇门！

我们都在！我们到了一间石室，看到一扇石门！

真的！真是门！

佩恩，你们在吗？

我现在是越来越佩服佩恩啦。不过，什么是同源字呢？这还得从汉字的历史讲起……

同出一源的同源字

在汉字中，有些字的读音相同或者相近，字义也密切相关，这样的汉字就叫同源字。如"廷"和"庭"，"廷"是古代帝王听朝问政的地方，因此《说文解字》解释为"朝中"；"庭"是阶前的庭院，《说文解字》解释为宫中。"庭"加了"广"部，表示有屋宇，不过它和"廷"有相同的来源，因此是同源字。

前面提到的"井"和"阱"也都源自"井"字，属于同源字。"井"是人工挖掘出水的深洞；"阱"则是陷阱。

井

阱

同源字的相关性

同源字读音相同或相近，并且字义相关。

"廷""庭"同源自"廷"，"井""阱"同源自"井"。像这样的同源字很多，如：景和影，景古义为光，影是光的投影、阴影。知和智，知是知识，知识多了就有智慧。

还有些字用不同的"义符"，它们也是同源字。如趾和址，趾是脚，立在地上，而址是根基的意思，也要立足地面。倍和培，倍是翻倍、增加，给植物加土就是培。

有些字增加"义符"后意思相反，但其实是相关的。如买和卖，受和授。

问：同源字一定要字音相同或相近吗？

答：没错。判断同源字的标准就是"音义皆近，音近义同或义近音同"。也就是说，同源字不仅要字义相同或相关，字音还必须相同或相近。

问：是不是像趾和址、倍和培这样声旁相同、形旁不同的字就是同源字呢？

答：那可不一定。有些形声字声旁只是表示字音，和字义没有关系，因此声旁相同而形旁不同的两个字如果字义毫不相关，它们就不是同源字。如株和蛛、纷和粉、轴和油……实际上，很多形声字都不是同源字。

88

第十二章

揭开密码

（同源字2）

不是说好了"音义皆近，音近义同或义近音同"吗？怎么这样也行？别忙，请看佩恩的解释！

互训的同源字

我们说同源字要"音义皆近，音近义同或义近音同"，实际上都是指古时候的情况。例如："如""若"二字在古文中都有如果、如同的意思，这两个字义现在也还在使用；而"存""在"都是存在，字义也完全相同。实际上，很多古书把这两组字解释为互训字。即"如，若也；若，如也。""存，在也；在，存也。"

看到没有？互训字通常就是同源字。

至于"荒"和"凶"，古书上说"荒，凶年也"——荒年即凶年，在这个意义上，二字同源。

同源不必看字形

前面几组同源字字形完全不同，但它们字义相同或相近，这就足够了。像这样的同源字还有不少，下面举几组例子：

别和辨，别是区别，辨是分辨，字义相近。

三和参，三是数字三，参表示三马拉的车，字义相关。

回和还，回是回转，还是返回，字义相近。

角和较，角是相斗，较是较力，字义相关。

率和帅，率是率领，帅是率领之人，字义相关。

学和效，学是学习，效是效仿，字义相近。

空和孔，空即是孔，孔即是空，字义相同。

跨和骑，跨是骑坐，骑是骑乘，字义相近。

问：前面有些同源字读音似乎并不相同，甚至也不相近，为什么是同源字呢？

答：别忘了，我们这里说的读音也是指古时候的读音。有些字古今读音不同，甚至已经发生了巨大的变化，但是从字源上看，它们的读音是相近的，或者存在转变的关系。

问："如若""存在"都可以组成词，还有这样的同源字吗？

答：的确有，而且还不少呢！请看下面的例子：长和久、更和改、命和令、柔和弱，是不是都能组成词呢？此外还有前面提到的辨别、买卖也是常见的词，只是一个字义相近，一个字义相反罢了。

智慧树

第十三章

面具下的秘密

（同形字1）

99

你以为会那么简单？

你倒是填填看？

你去，填写上"大"下"力"的"夯"字……

你的问题能难倒我吗？

佩恩小（　）货
简直笨到死

你只管去写吧！

教授你确定？

你……

同形字？这又是头一回听说。看来，阿力教授的课我落下不少啊！

一字多义的同形字

同形字，顾名思义，就是字形相同，字义却不同的字。

比如"体"，我们都知道读作tǐ，有身体的意思。但其实这个"体"字是简化的结果，它的繁体字是"體"，和简化的"体"在字形上没有什么关系。不过，古字中也有一个"体"，读作bèn，是不聪明、不灵巧的意思，与"笨"同义。所以，"体伯"就是"笨伯"，形容蠢笨的人。

"夯"字也是一样。不过这个字不是简化字，而是一直存在。"夯"有担扛重物、大力冲击的意思，但也指笨。《西游记》中孙悟空总是骂猪八戒"夯货"，就是笨蛋之意。

分别造字，碰巧相同——偶然出现的同形字

为什么会有同形字这种现象呢？专家学者们认为，根据严格的定义，同形字是不同的人为了不同目的造出的字，碰巧是一样的。

比如"铊"，古人最早造这个字时意思是矛，读作shé（大概矛头像蛇）；后来又有人用这个字指秤砣，读作tuó，于是"铊"又成了"砣"的异体字；到了近代，化学家用"钅"这个部首加上声旁表示金属化学元素，所以又有了"铊"（tā）。

你看，为了不同的目的（"铊"字读作shé时是会意字，读作tuó时是异体字，读作tā时是形声字。想想看，为什么？）竟然造出了一样的字，是不是很有趣？

读作shé时，"钅"表示材料，"它"是象形。读作tuó时，是因为有了金属的秤砣，所以造出这个异体字。读作tā时，"钅"表义，"它"表音，是形声字。

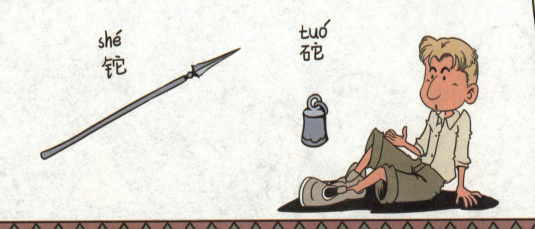

shé
铊

tuó
砣

问："体"是简化形成的同形字，还有这样的例子吗？前面提到的"后"算不算？

答：古字"后"是象形字，君王和君王的妻子都叫后，后来专指君王的妻子。"後"则是会意字，解释成前后的后。简化字中的"后"也可以看作同形字。再如"谷"，古字"谷"是山谷，"穀"则是稻谷，指粮食。这两个字简化后都是"谷"。

问："后"和"後"，"谷"和"穀"同音。同形字也可以音同或音近吗？

答：当然可以。如"椅"字，椅树是一种植物，此时"椅"读yī，而椅子是家具，此时"椅"读yǐ。

第十四章

胜利会合

（同形字2）

"云"就是云朵啦，可它的同形字是……

"云"和"月"，这谁不知道？不过……

授，您给我们讲课总是说"古人云"，这个"云"是不写作云朵的"云"？

你很细心，丽莎。我说的话你都很注意听啊！

这么说着，那朵乌云渐渐散开，越来越稀薄了，但乌云上的月亮还是很黯淡，看起来模模糊糊的。

关键时刻，我克鲁德小精灵终于又发挥了作用。不过，佩恩说"月"和"夕"是象形字时代的同形字，又是怎么回事呢？

象形文字多同形

佩恩说的象形字时代，当然就是指以象形文字为主，古人们还在用图画表示文字的时代。

实际上，在甲骨文中有很多图画"字"可以表示多个意思，它们就是最早的同形字啦。例如"月"和"夕"，在甲骨文中都是画上一个月牙，再加一个点（如图）。

当然，后来这两个字慢慢有了区别，字形也渐渐不同了。

不同时期的同形字

象形字时代就有了同形字，那么后来每个时期都有同形字吗？

可以这么说。很多时期的文字都有同形字的现象。例如"杷"字，古时候有两种字义：读bà时表示柄，读pá时是一种收割麦子的工具。不过在今天，表示这两个字义的"杷"字都已被别的字取代——表示工具器物的柄用"把"字，而表示收割麦子的工具则是"耙"字。

像这样的例子在古代还有很多。例如"赈"字，《说文解字》就把它解释为富有，但是当时这个字已经可以用作赈济、赈灾等词了。而富有这个意思，今天已经不再使用。

问：同形字多不多？到底怎样判断一个字是不是同形字呢？

答：这个可不好说。判断同形字还没有一个明确的标准——有人认为只有为了不同目的造出的相同字形的字才是同形字，也有人认为只要一个字有着不同的解释，就可以被看作同形字。

问：如果一个字有不同解释就算同形字，同形字岂不是太多了？

答：没错，这个定义的确比较宽泛。按照这个标准，很多常见的字都属于同形字。例如"花"，既有花朵的意思，又可以表示花费、花销。甚至有人说"长"（音cháng）和"长"（音zhǎng）也是同形字呢。不过，同意这种定义标准的人并不多。

智慧树

第十五章

贝吉塔带走书魔

（汉字字形变化小结）

好样的，佩恩。你不但汉字学得好，而且变得勇敢了。

难道我就注定要失败吗？

对，你也很棒！大家都很棒！

还有我，教授。我也不差呀！

真奇怪，最后一刻我们谁都不恨书魔，大家都只想救他。不过他的名字也很奇怪，他为什么说自己是多余的呢？

奇妙的字形关系

书魔名字叫"仂"（音lè）。"仂"是"力"的异体字，难怪这对兄弟一个叫"力"，一个叫"仂"呢。

"仂"又有余数、零头的意思。所以阿仂说他是多余的。

还有个"扐"字也表示余数，仂和扐同音同义，也是异体字。

而"扐"又同"材"，它们是古今字关系。

又有"阞"（音lè）字，阞通仂，是仂的通假字。

从字音、字义看，"仂""扐""阞"符合同源字的定义，是同源字。

从字义看，"扐"既是余数，又表示捆绑，还是地名，可以看作广义的同形字。

这些汉字的关系是不是很奇妙？

古今汉字变变变

古往今来的汉字不仅字体在不断演化，又不断有新的文字产生，而且字形、字音和字义也在不断变化呢！

你看，古人有古字，有些古字现在已经不再使用，于是有了古今字的区别。不同时代，不同地方的人造出不同的字表示同一个意思，于是又有了异体字。有时候古人又会借用已有文字表达其他的意思，因此产生了通假字。这些都是古今文字的变化。

即使到了今天，不同国家和地区的人使用汉字仍然有不同的规范和标准，这就是为什么会出现繁体字和简化字的原因。

还有，人们从汉字的音、形、义关系研究同源字和同形字，对了解和掌握汉字的知识也很有帮助。

看来，汉字的知识还真是博大精深呢！

问：异体字是不同字形的字表示同一个意思，通假字也是两个字表示同一个意思。那么异体字和通假字是不是同源字呢？

答：异体字和通假字都不是同源字。异体字只是一个字的不同写法；通假只是借用，这两种文字现象和本字之间也没有字源上的关系，都不符合同源字的定义，所以不是同源字。

问：好啦，又到了克鲁德提问时间了——看过这一集故事，你对汉字的变化有了怎样的了解呢？

汉字文化还有很多有趣的现象，我们的故事也还没有结束，你想不想多学习一些汉字的知识，想不想知道书魔的命运呢？那就继续看下一集的精彩故事吧！

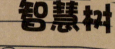

智慧树